Libertação

C. Jinarajadasa

Libertação

(Uma sequência de A CRIANÇA ENCANTADA)

Tradução:

Edvaldo Batista de Souza

EDITORA
TEOSÓFICA

Direitos Reservados à EDITORA TEOSÓFICA,
SIG – Quadra 6, Nº 1235 – CEP 70.610-460
Brasília – DF – Brasil
Instragram: @editorateosofica
Whatsapp: (61) 98613 4909
editorateosofica@editorateosofica.com.br
www.editorateosofica.com.br

J 61 Jinarajadasa, C.
Libertação/ C. Jinarajadasa,
Tradução Edvaldo Batista de Souza
Brasília, DF: Editora Teosófica, 2022.
72 p.

ISBN: 978-65-88797-92-1

1. Teosofia

II. Título

CDU 141.332

Revisão editorial e de português: Zeneida Cereja da Silva
Diagramação e capa: Ana Paula Cichelero
Impressão: Gráfika Papel e Cores
Fone : (61) 3344-3101
e-mail: comercial@grafikapapelecores.com.br

Dedicado às

Crianças Divinas

que Foram, que São,

e que Serão

Sumário

As Três Irmãs......9

O Problema da Dor......19

O Desejo Cósmico......23

Libertação pelo Amor......29

Libertação pela Luz......37

Libertação pela Lei......45

Libertação......55

A Donzela Maravilhosa......59

A Partida da Criança Divina......65

A Estrela da Criança Divina......69

As Três Irmãs

Muitas vezes a Criança Divina veio ao seu povo para lhes ensinar o caminho para a Libertação. Certa vez quando veio, ele[1] morou com as três irmãs, e lhes ensinou as formas de libertação das tristezas da vida.

Estas três irmãs eram unidas a ele por uma devoção passional. Cada uma diferente em sua devoção, e cada uma pensava nele como o seu bem-amado. A Criança Divina dava a cada irmã o que ela dele esperava, e ao dar ele a tornava uma mensageira de seu serviço.

[1] No original em inglês: *he*. Em todo o livro, o autor se refere à Criança Divina no masculino,"ele". (Nota Ed. Bras.)

A mais velha vivia para o amor, e para o amor somente. Tudo na vida lhe sussurrava uma única alegria – ser amada e amar. Viver-para-o-Amor era seu nome, e ela tinha atrás de si muitas tristezas e desapontamentos na busca do amor. Foi pelo fato de ter amado muito e sofrido muito que, quando a Criança Divina chegou à sua vida, ela sabia que a partir daí nada mais havia na vida senão segui-lo.

Porque nas muitas vidas que deixara para trás ela vivera exigindo da vida somente amor, tendo o seu amor uma crueldade em si. O ciúme era inseparável do seu amor, e ela pisoteava todos que atravessaram o caminho de sua feroz necessidade de ser amada. Esse elemento de ira e crueldade não era notado pelos homens que eram por ela atraídos, mas as Crianças instintivamente o sentiam. Ela não conseguia manter as Crianças perto de si durante muito tempo, embora ela lhes demonstrasse ternura. Portanto, quando a Criança Divina chegou à sua vida, e lhe deu amor por amor, ela sentiu que finalmente alguém que vivia sabia que seu ciúme e crueldade estavam apenas na superfície, e que no âmago de seu coração ela ansiava ser a bem-amada ideal de um amante ideal.

Tudo que ela sempre sonhara de amantes ideais parecia realizado na Criança Divina, embora muitos anos separassem sua condição de mulher madura da vida infantil dele. Quando lhe olhava, ele era apenas uma Criança, e ela tinha de se ajoelhar diante dele para que pudesse olhá-lo nos olhos. Quando ela o olhava, ele parecia extrair dela toda forma de amor que sua natureza apaixonada esperava dar e receber. Desde a sua chegada, havia uma única alegria na vida de Viver-para-o-Amor. Era envolver-se em sonhos de ser a bem-amada da Criança Divina. Toda vez que ele sorria, embora fosse com a delicada indiferença da infância, ela traduzia seu sorriso numa ávida declaração de 'Ele me ama!' 'Ele me ama!' Só vagamente e às vezes é que ela conseguia entender que a Criança Divina, como o amante de todos, não era exclusivamente o bem-amado de ninguém. Embora sua mente pudesse saber esta verdade, o anelo do seu coração só conseguia encontrar satisfação na íntima e alegre afirmação de que ele a queria acima de todos os outros.

A segunda irmã era Viver-para-a-Luz. Para ela a vida significava apenas isto – expandir-se para a vida como o botão se expande à luz do sol para se tornar uma flor. Para ela tudo na vida era como a luz do sol que todos precisam para o crescimento. Ela ansiava por cada experiência, porque sentia que cada experiência podia fazê-la crescer, e para ela crescimento significava sentir a alegria de mais luz à sua volta e mais luz sempre jorrando sobre ela. Embora fosse uma mulher, ela ainda retinha a elasticidade da Criança; embora a vida a tivesse esmagado mil vezes, ela, contudo, jamais vacilou na crença da necessidade da luz para a sua vida.

Bem e mal, lícito e ilícito pouco significavam para ela como duas metades da vida. Qualquer padrão que lhe fosse dado por outra pessoa era ineficaz, seja para inspirá-la ou adverti-la. Envolta em seu anelo pela luz, e surda ao chamado do certo e do errado, ela pouco se importava sobre como atingir sua meta. Ela jamais fora cruel, mas sempre escolhia o caminho mais fácil, mesmo quando seu coração sussurrava que ela estava lançando fora todos os escrúpulos. Ela usava seus dons de encanto para escravizar os homens, mesmo aqueles que não tinham qualquer mensagem para o seu coração, para que eles pudessem facilitar-lhe a vida. Ela pouco se importava que fosse uma parasita, desde que obtivesse o que, em sua cegueira, pensava serem os únicos meios de luz. Em toda parte, as mulheres sentiam nela essa falta de escrúpulos e parasitismo, e se afastavam como se de uma coisa impura; contudo era lindo notar como as Crianças encontravam nela apenas uma alegre, embora caprichosa, companheira de brincadeiras.

Havia memórias amargas de seu passado das quais ela jamais conseguia libertar-se; memórias que se prendiam a ela como a sua própria sombra. Havia poucas pessoas que ela podia encarar em perfeita confiança, sem um retraimento interno de que elas deviam estar perceptivas de sua falta de escrúpulos, e que para elas a sua parte impura apagava todas as outras partes de sua natureza. Invisíveis rajadas de vento gelado estavam em todas as partes de sua vida, depreciando e frustrando o seu crescimento para a luz.

Quando a Criança Divina chegou à sua vida, foi como se uma indescritível primavera a envolvesse por todos os lados. As memórias amargas e o senso de frieza na vida deram espaço a uma confiança sempre crescente e alegre em si mesma. Quando ele a olhava, era como se as sementes ocultas da nobreza fizessem brotar folha e flor nos seus mais íntimos recessos. Seu coração cantava um hino de louvor, pois ela parecia ver indistintamente em seus olhos uma visão dela mesma que ele lá mantinha. Seu coração cantava continuamente, 'Ele me glorifica!' 'Ele me glorifica!', e o passado se desvanecia no nada sempre que ela olhava para o belo Arquétipo de si mesma que ele lhe apresentava quando sorria para ela.

A terceira irmã e a mais jovem era totalmente diferente. Ela era crítica, e seu encanto devia-se a um julgamento puro e imparcial de todas as coisas. Viver-para-a-Lei era o seu nome, e ela sempre parecia como se a buscar em todas as coisas a lei de sua existência. Sua tendência natural era primeiramente entender antes de julgar, e, portanto, para muitos parecia faltar-lhe entusiasmo, e muitas vezes parecia alheia e fria. Mas na verdade ela era capaz de uma lealdade apaixonada a um líder; ela ansiava ser liderada, e só estava esperando para se precipitar aos pés de alguém que realizasse seu ideal. A razão pela qual ela sempre buscava as leis subjacentes às coisas era que, sempre que encontrava alguma lei, sabia que ela jamais lhe conseguiria falhar, e que poderia sempre confiar na lei como sua líder e guia. Na verdade, quanto mais claramente ela via qualquer indivíduo como revelador de alguma lei, mais forte se tornava o seu apego a ele. Sua natureza clamava, 'Lidera-me!' 'Lidera me!', e se entregava a toda a forma de conhecimento na busca do seu líder. É verdade que, fascinada pelo surgimento de alguma lei, ela muitas vezes esquecia as necessidades dos indivíduos a quem a lei exemplificava; as leis subjacentes ao sofrimento eram muitas vezes mais reais para ela do que os próprios sofredores. Respondendo instintivamente a princípios gerais, ela era impaciente com os detalhes; ela era, portanto, muitas vezes impiedosa em seus julgamentos, embora sempre teoricamente justa. Ela magoava as pessoas, não por causa de algum desejo de condenar, mas porque ela era impaciente com a falsidade e a inverdade.

Assim, quando a Criança Divina chegou à sua vida, sua natureza saltou em adoração, pois aqui estava alguém que era a corporificação da lei, e, portanto, seu único líder. Cada problema intrigante parecia ganhar uma iluminação em sua mente quando ela pensava no seu sorriso. A imparcialidade que ela admirava parecia brilhar dele como a luz de uma estrela no frio espaço; mas para ela não havia frieza na luz, apenas uma maravilhosa claridade, na qual todas as coisas apareciam numa proporção mais harmoniosa. Assim, quando olhava para ele, seu coração cantava em uníssono com sua mente, 'Ele me lidera!' 'Ele me lidera!' Sua longa busca terminava quando pensava nele, pois ele lhe revelava a lei imutável e constante em direção à qual todas as coisas se movem.

O Problema da Dor

Essas três irmãs estavam sempre enfrentando um problema que não conseguiam resolver. Certamente não poderia haver nada mais amoroso, mais puro e mais sagrado do que o Amor, ou a Luz ou a Lei? O bem maior era inseparável do amor, da luz e da lei; o homem jamais poderia ter ideais mais elevados para buscar e servir do que esses três. Como foi então que, quando a pessoa anelava pelo amor, ou pela luz, ou por conhecer a lei, tanta dor advinha a ela, e aos outros? Pois muito frequentemente o amor feria, a luz cegava e a lei extraviava. Em todo abandono do coração a pessoa amava; e então o amor, de algum modo, tornava-

-se uma chama furiosa que queimava e calcinava a pessoa. E o mais doloroso de tudo, às vezes a pessoa magoava da maneira mais cruel aqueles a quem amava. Por que deveria o amor ter em algum lugar oculto em suas raízes as sementes de tão terrível destruição?

Que coisa mais pura poderia haver na vida do que abrir o coração à luz? Certamente que a alegria era o coração daquele Mistério de onde tudo provinha; a única coisa na vida de que os homens tinham certeza era que quando a alegria chamava todos deviam seguir. Contudo, à medida que seguíamos, para uma única felicidade que se tornava nossa, centenas de males nos assolavam; quanto mais alto nosso coração clamava por luz, mais a luz parecia retroceder. Por que deveria a luz nos cegar e, depois de nos cegar, fazer com que anelássemos por mais luz? A vida certamente seria mais fácil se não anelássemos por mais luz; no entanto, e de algum modo, aquela luz estava entremeada em nossa natureza, e tudo que podíamos fazer era clamar por luz, e por mais luz ainda, embora cada clamor causasse uma nova ferida no coração de onde o sangue de nossa vida jogava aos borbotões.

Que coisa mais nobre poderia haver na vida do que ser fiel à própria Verdade? Certamente que ser obediente à lei era o primeiro passo na reta conduta, pois da reta conduta viria a caridade, e da caridade a ternura. Contudo, como foi que o conhecimento tantas vezes fez a pessoa tornar-se fria e separada da coisa que desejava amar e servir? Como foi que o conhecimento, em vez de resultar sempre em ações de auxílio e necessidade, muitas vezes numa crise tornava as decisões da pessoa vacilantes, de modo que o seu serviço não conseguia aliviar ou diminuir a dor de outro? Por que uma visão da verdade não tocava a pessoa com o poder de levar de roldão outros corações no esquema perfeito? Como foi que a visão da lei, que se tentava compartilhar com os outros, lhes aparecia somente como uma irrealidade, arrepiante e dolorosa?

Pouco a pouco, e a cada irmã segundo sua compreensão, a Criança Divina falou deste e de outros mistérios, e eis aqui algo do que ele disse:

O Desejo Cósmico

Esta vida, uma mistura de prazer e dor, é como a superfície tranquila de um rio profundo por baixo do qual uma poderosa corrente avança impetuosamente. Calmamente dia sucede dia, e viajamos do nascimento à morte, inconscientes de que o tempo todo estamos sendo levados adiante, não segundo nossa volição, mas segundo a impetuosa necessidade de um desejo cósmico. Este anelo cósmico é inseparável de todas as formas que corporificam uma vida. Sob seu impulso, o mineral no invólucro rochoso está indócil com desejo; impelido por esse desejo, a nebulosa dá origem a sistemas estelares. Todas as coisas que vivem, mineral, vegetal e animal, homem, anjo e arcanjo estão sujeitas a este ardente desejo; pois ele flui como uma corrente invisível através de tudo que eles pensam e sentem. Ele dota os homens de uma irresistível qualidade de conquista; eles não sabem que quem conquista é o desejo cósmico, e não eles. O homem cruel, que esmagando os fracos, atinge o ápice, somente o faz porque a resistível força deste anelo usa-o como ferramenta, inflando sua imaginação, e vivificando suas faculdades até que elas despedaçam toda oposição. O moribundo em agonia ainda se agarra a vida, porque o anseio ainda é seu mestre, e o impulsiona a continuar vivendo a fim de atingir seus objetivos. Do pouco que sabemos, este anelo está sempre conosco. Cada plano de felicidade que fazemos está, na realidade, sempre subordinado a um outro plano, o plano deste desejo cósmico, embora de formas sutis ele nos convença de que seu plano é o nosso também. Ele deseja alimento e repouso, então nos convence de que estamos famintos e cansados; deseja excitação, e então, seguindo sua liderança, saímos em busca de mudança.

Nada há de mal neste anseio; ele não é nem bom nem ruim, mas mera força cósmica atuando num plano universal. Mas o seu trabalho não é o nosso trabalho, e o conhecimento dessa diferença abre o caminho para a paz e a felicidade. As marés deste anseio estão sempre girando em torno de nós; mas nada nos impele a nos mover com essas marés. Somos como gaivotas que pousam sobre as ondas para um rápido repouso. Elas se movem para cima e para baixo com as ondas, como se fossem parte da água; mas a qualquer momento, quando assim o desejarem, batem as asas, elevam-se no ar e a turbulência do mar nada é para elas. Também nós podemos nos separar destas marés de anseio cósmico, se entendermos corretamente, e nos pusermos a trabalhar com essa finalidade.

Como almas imortais seguindo para uma realização divina, é nossa natureza amar, ansiar por luz, e buscar compreensão. Estas são as formas de nosso desabrochar, e obedecemos ao instinto divino em nós quando recorremos à vida por Amor, Luz e Lei. Mas estamos o tempo todo mergulhados nas marés cósmicas; o desejo cósmico reside no material de todo pensamento e sentimento. Portanto, no momento em que planejamos ou cobiçamos algo, o anelo sutilmente transforma nossos pensamentos e emoções em suas ferramentas. Não estamos conscientes de que nosso trabalho é dual, o trabalho que como almas almejamos alcançar e o trabalho que o anelo nos está forçando a alcançar. Nosso eu natural veste-se de um segundo eu que não pertence a nós, mas ao anseio; nós não sabemos que, quando pensamos estamos expressando a nossa individualidade; somos em grande parte seus fantoches. As marés de ciúme, de ira ou apatia nos arrebatam, impelindo-nos a fazer ou não coisas de que posteriormente nos arrependemos. Sentimos em parte que somos duais, contudo, não entendemos de que maneira.

Esta dualidade está mesclada em tudo e através de tudo. Existe um amor verdadeiro da alma, e um assim chamado amor que é desejo cósmico; existe o desejo da alma por luz, e um desejo por excitação que é somente o estímulo do anseio; existe o desejo da alma por sabedoria, e uma ilusão cósmica que se mascara de verdade. A libertação das misérias da vida só começa quando conhecemos esta dualidade em nós, e nos recusamos a continuar sendo a ferramenta do que não é nosso verdadeiro Eu.

Libertação pelo Amor

A vida é um grande mistério, o mistério de uma Infinita Beleza exterior, que está sempre dirigindo a atenção para uma Infinita Beleza interior. O amor é uma forma desse direcionamento. O coração começa a amar quando ouve o chamado da Beleza exterior. O amor jamais pode ser iludido; ele só consegue amar o que é semelhante a si mesmo e que seja essencialmente belo. Uma flor é bela porque, durante algum tempo, a Beleza Infinita é refletida em suas pétalas, e porque despertamos para a nossa verdadeira natureza, e lá, saudamos a beleza da flor. Não é preciso que a forma externa reflita sempre a beleza, se sua natureza interior puder se tornar o espelho da beleza. Um rosto pode ter pouco em si que seja belo, e, contudo, um coração pode saltar em êxtase para amar a alma que está refletida naquele rosto.

Nosso amor seguiria de glória em glória, se ao menos as marés do desejo cósmico não nos envolvessem a todos. Quando começamos a amar, essa ânsia apodera-se da primeira agitação em nosso coração, e com o toque dessa ânsia uma poluição penetra o nosso amor. Um eu começa rapidamente a se entremear no amor, e 'Eu amo' torna-se, a partir daí, um refrão interminável. Esse elemento do eu cresce rapidamente, alimentado pelo anelo; logo suas características dominam o amor. Então o eu retém tudo para si, e ferozmente se ressente de qualquer tentativa de alguém em compartilhá-lo. Quando surge o pensamento de que o amado possa amar outro, o ciúme inflama-se de dentro para fora. Não é a alma que ama que é ciumenta; é somente o anelo. Mas a alma não sabe disso, e identifica o eu com a alma.

O anelo tem a qualidade de sempre buscar envolver-nos cada vez mais nas partes inferiores de nosso ser. Quando tocamos o acorde mais alta, ele apresenta o mais baixo. Lentamente os matizes do paraíso dão lugar às cores da terra. Assim como uma bela e translúcida cor que um pintor esteja evocando em sua tela é ofuscada no momento em que ele coloca até mesmo a mais fina camada de um pigmento errado, assim as glórias do céu, que compõem a aura do amor divino, são lentamente ofuscadas quando os pequenos encantos do corpo usurpam a imaterial beleza espiritual do amor.

Nossa alma que ama jamais duvida do não envelhecimento do amor, nem é impaciente em oferecer amor. Mas a dúvida e a impaciência são características do anelo, e, a não ser que estejamos atentos, elas chamam novos elementos desse eu que o anelo teceu para nós. A partir daí surge uma impetuosidade no amor, e o amor é forçado a descer para o nível do desejo. O amor então irrompe, em onda após onda, o corpo misturando-se com a alma, e a alma, para quem antes o amor significava apenas oferecer, agora se conhece como um eu, para quem o amor significa em grande parte ganhar. Se algo agora contraria a onda avançada do desejo, nasce o ressentimento; e o ressentimento torna-se como que um nevoeiro ao redor da luz do amor puro.

Rapidamente as intuições que a alma conhece como amor verdadeiro para com todos – que em seu próprio plano o amor conhece o amor, sem jamais se decepcionar – são obnubiladas pela dúvida, e a dúvida traz o medo de que a bem-aventurança do amor esteja escapando do nosso alcance. Freneticamente, então, tentamos reter o amor, e as reivindicações da caridade e da justiça nada são para nós desde que não percamos o amor. Então para nós a crueldade não é crueldade, desde que não renunciemos ao domínio que temos sobre o amor. Outras pessoas no nosso caminho, às vezes o próprio bem-amado, não são, então, realidades para a visão, e nós as deixamos de lado na nossa impetuosa correria para o que sentimos ser a realização do amor. Então, o ciúme e a ira, o desespero e a dúvida assolam como tempestades através da natureza. O coração fica de fato partido, mas não é nenhuma pessoa que o parte, mas apenas o anelo, pelo qual um coração ardente ou um coração aflito são uma e a mesma coisa, desde que o eu, que é sua ferramenta, sinta sua profundeza máxima.

Para alma, cuja mais elevada bem-aventurança é o amor, o caminho da libertação é buscar o que é universal no amor. O amor por um deve levar ao amor por todos antes que a verdadeira meta do amor seja alcançada. O amor da alma, quando liberto do desejo cósmico, tende por natureza a um amor universal. Pois o amor reconcilia, primeiramente o bem-amado, e depois o que é semelhante ao bem-amado em todas as coisas. Logo que a alma se liberta do eu criado pelo anelo, o amor começa a realizar suas muitas dimensões. É para que a alma consiga encontrar as outras dimensões do amor, que mesmo o amor correspondido só consegue encontrar realização por algum tempo. O bem-amado, que é tudo, será afastado, deixando um vazio que nada mais consegue preencher. Ou o próprio amor morrerá lentamente, deixando o mundo tudo triste e desinteressante. O coração será golpeado repetidamente e aniquilado não apenas uma, mas muitas vezes. Contudo, a alma será sustentada pela vida, para continuar com uma série de tarefas desgastantes, quando seria mil vezes preferível a morte. Tudo isto acontece para que a alma possa aprender a distinguir entre a forma que o amor consagra e o amor eterno em sua verdadeira essência. Pois à medida que um amante após outro vai e vem, vida após vida, a alma aprende a sentir o amor universal sem considerar amores particulares. Pois uma maravilha maior do que 'Eu amo' é que o Amor deve exercer o amor. Até que o amante se torne um com o Amor, eterno e imutável, angústias e desapontamentos assolarão, enquanto ele segue vida após vida em busca do amor. Pois o coração do Amor é o próprio Universo, e até que o

Universo vá até o amor, ele deve buscar sem jamais encontrar.

O processo de se libertar do eu começa pelo autotreinamento para crescer em Compaixão. Quando o sorriso reservado para o bem-amado é dado também a outrem, a escravidão ao eu está enfraquecida. Quando os sentimentos estremecem ao que quer que seja agradável ou doloroso naqueles a quem normalmente somos indiferentes, lentamente uma nova dimensão do amor, que é piedade, contribui para as maravilhas do amor. Quando a piedade se torna mais forte em caráter, ela purifica o amor de qualquer escolho que a ele se tenha aderido devido ao anelo; pois a piedade liberta a alma da servidão ao desejo cósmico. O amor pode agora permanecer impassível quando as marés do anelo girarem à sua volta; a visão do amor não é obstruída pelo nevoeiro que o anelo cria para todos. Quando o anelo instiga ao ciúme, o amor consegue separar suas próprias correntes de ternura das ondas de paixão fornecidas pelo anelo. Quando o desejo cósmico quiser arrastar o amor até a luxúria para alcançar seus propósitos, o amor estará de guarda, e não permitirá que as necessidades do corpo sejam substituídas pela ação mística do amor.

A compaixão sempre libera, na alma, sabedoria e força. Libera na alma uma intuição que entende e uma virilidade que permanece inabalável. Caso a colheita do passado torne o bem-amado indiferente, a alma permanece serena ainda que triste, e sua visão quanto à retribuição do amor em seu próprio plano não é esquecida. O amor, cuja natureza é liberdade, dá então liberdade ao bem-amado para seguir seu próprio caminho. A compaixão vivifica tudo que seja nobre no caráter. Quando a alma cresce em compaixão, seu intelecto toca as raias da Sabedoria Universal, sua vontade entra em contato com a invencibilidade da Vontade Universal, e o propósito da alma individual consagra o propósito da Alma Universal.

Quando o amante que ama um é também o santo que se apieda de todos, então a libertação está próxima.

Libertação pela Luz

No âmago de toda a vida existe um senso de alegria. O Universo está mudando de momento a momento, mas a mudança não é mecânica nem sem propósito. Existe um propósito que está mudando e transformando o bem em melhor e o melhor em ainda melhor. Todas as coisas sentem esse crescimento para uma vida mais ampla; no fundo está um desejo natural que anseia por cada vez mais luz. O senso de vida é sombrio no mineral; no vegetal e no animal é tão forte que responde avidamente a todas as variadas mudanças em seu ambiente. No homem, a imaginação vem em seu auxílio para desenvolver o senso pela vida, e todas as suas faculdades palpitam a um possível aumento de suas atividades. A alegria de viver é natural para todos, uma vez que, desde a primeira vibração de vida, a alegria está mesclada com todos os processos vitais.

Cada onda de vida tem sua mensagem, e ela é sempre de esperança e alegria, se ao menos ouvirmos corretamente. Momentos há em que a vida deve abandonar um invólucro que a aprisiona, para construir outro melhor adaptado às suas crescentes necessidades. Então surge a morte, aparentemente para frustrar a vida quando esta dá um salto adiante para uma alegria maior. Mas a morte apenas torna mais fácil para a vida seguir rumo a mais luz, libertando-a de uma forma que a oprime, e permitindo-lhe construir uma forma mais jovem e mais vigorosa.

Se pelo menos nossa alegria natural na vida e na luz pudesse ser separada das marés do anseio cósmico, jamais uma dor chegaria até nós quando buscamos mais luz para nossa vida. Mas o anseio constrói um eu, e torna esse eu o nosso centro, em vez da alma, cujo deleite natural é viver e crescer na luz. Ela usa esse eu como ferramenta, e então ansiamos por sensação após sensação. Cada sensação poderia tornar-se uma grande experiência para nos falar mais a respeito da luz; mas o desejo não é de sabedoria, mas de mudança. Por isso ela não nos permitirá obter de cada sensação o segredo de seu mistério; mal sentimos o gosto de uma experiência antes de o anseio sugerir uma outra. Cada experiência, à medida que surge, rapidamente enfraquece; e guiados pelo anseio, experimentamos não as coisas, mas apenas suas superfícies. O anseio não nos permitirá deleitar-nos em serenas sensações; ele nos habitua a esperar que a vida venha em rajadas perfumadas, cada rajada trazendo alguma nova sensação, antes de entendermos o significado da velha. Assim, a vida torna-se para nós como uma chama devoradora que precisa de alimentação constante. Pensamos que ficaríamos totalmente perdidos se a chama começasse a se extinguir; a todo custo buscamos sensações com as quais possamos alimentar a chama. Habituados pelo anseio a um senso de intoxicação, porque então o eu está mais distante da alma, perdemos completamente a confiança em nós mesmos. Quando finalmente desejamos ser livres, e estarmos livres das sensações fornecidas pelo anseio, não temos coragem para reivindicar nossa liberdade, e ainda continuamos a buscar sensação após sensação, embora estejamos desgastados com a vida.

Não há senso de certo ou errado no anseio; ele é apenas uma força cósmica impetuosa em ação. O anseio não é mais ético ou aético do que o córrego da montanha que desce de rocha em rocha no seu caminho para o mar. Se ele usa o nosso eu para seus propósitos, age sem malícia; não pode saber que sofremos quando somos desviados por ele. Apesar de sua esperteza, ele é cego. Não nos seleciona de propósito; ele usará outra pessoa como também nós mesmos para o seu trabalho. Ele nos usará até o limite de nossa subserviência a ele; e não se ressente se viermos a reivindicar liberdade.

Ele não é inescrupuloso, porque não tem senso de escrúpulo; contudo nos tornará inescrupulosos na promoção de seu objetivo.

Nossa libertação começa quando começamos a observar cada experiência em ação independentemente de nosso eu. Quando a mente e o coração gritam, 'Isto é um deleite', mas não, 'Isto é o meu deleite', então lentamente o meio deformador do eu se desvanece. Cada experiência é como a beleza de uma flor. Deixemos a flor na árvore, deleitemo-nos em sua forma, cor e perfume, mas não a toquemos, então ela exala sua beleza não para um observador, mas para todos. Sua revelação à vida, não poluída pelo homem, existe hora após hora, até que sua missão no plano universal termine. Mas torne a flor propriedade sua, uma parte de seu eu que desfruta, e rapidamente ela murcha, e nem um décimo de sua maravilhosa mensagem é revelada à vida antes de morrer, pois você se interpôs entre ela e sua mensagem. Quando no início de uma manhã de verão você olhar para os campos, e houver uma terna inocência em toda parte, e a Natureza não contaminada pelo homem revelando-se em sua integridade e juventude, apenas sussurre, 'Como é bela', e a maravilha continuará a crescer sempre. Mas pense apenas uma vez, 'Que requinte para o meu deleite', e tudo muda num instante, e a imaginação que disparou num puro éter tem de bater asas numa névoa pegajosa.

Cada experiência contém dentro de si um dom da Vida Universal, um dom de juventude, de beleza, de vitória. Mas a experiência deve ser aceita pela alma, e não pelo eu. Assim, as mãos devem estar limpas, isto é, não ter causado sofrimento, e o coração vazio de anseio. Então cada experiência revela seu mistério, que está unido a todas as outras experiências. Se a alma quiser agora aceitar a experiência, ela será levada a novos universos de maravilhas. Não é a multiplicidade de experiências que faz a riqueza da vida; a vida se enriquece de todas as maneiras, se conseguirmos observar atentamente o coração de uma experiência, e lá discernir as inesgotáveis casas de tesouro da Vida Universal. Então todas as coisas são vistas refletindo a Luz Infinita, não a luz de alguém, mas a Luz, terna, inefável, que leva à reverência. Cada experiência torna-se uma joia cintilante que revela novas belezas à medida que muda sua direção. Uma gota de orvalho está tão plena de intenso deleite quanto um requintado pôr do sol. Não existe mais luz e vida num grande deleite do que num pequeno; o átomo e o Universo, ambos consagram uma alegria semelhante.

Então a vida revela sua verdadeira mensagem à alma. Depois, através de todas as coisas materiais, a alma Universal revela sua luz e beleza. E a alma observa, nada pedindo da vida, mas considera com assombro, como uma maravilha impessoal, a procissão de deleites da vida, consciente de que a procissão de deleites é, de alguma maneira misteriosa, apenas a externalização da própria natureza da alma.

Cada coisa viva está exalando uma alegria. A alegria está em tudo à nossa volta; não precisamos ir a lugar algum para encontrá-la. Cada partícula de poeira está cantando um hino à Luz Infinita, a ouvidos que queiram ouvir. A grama, a sebe, a nuvem, todas as coisas estão sussurrando maravilhadas, 'A Luz! A Luz!' Luz para se viver e crescer está em todas as direções do espaço; e se derrama em nós quando nos tornamos semelhantes a ela, infantis e divinos, brilhando, imperceptivelmente, até o nosso dia perfeito.

Quando a alma como artista vê a bela essência de cada coisa, então a oscilação do eu termina, e a libertação está próxima.

Libertação pela Lei

Onde está aquele filho do homem que não se deleita em observar a criação de alguma coisa? Ver o início de uma coisa, como ela é reunida parte por parte, até que finalmente a coisa completa lá esteja – poucos deleites há na vida que se equiparam a isso. A princípio, a criação fascina como mera criação; pois uma maravilha inexaurível parece estar oculta em qualquer ato de criar, como se a energia cósmica não pudesse criar a mínima coisa sem revelar uma mão cósmica e um desígnio cósmico. Posteriormente, quando observamos muitas criações, o senso de ritmo, um plano, uma lei por detrás de todas elas começa a fascinar a mente.

Onde quer que alguma coisa venha à existência, existe esta dualidade, da mão de um artesão e do cérebro de um artista. As miríades de construtores de células que criam uma lâmina de grama trabalham com um espírito de organização que extasia a mente que observa seu trabalho. Porém, é mais maravilhoso ainda observar o desígnio arquetípico da lâmina, após o qual cada célula ocupa seu lugar no todo ordenado.

Assim, a vida está sempre atuando, reunindo seus construtores, e deles exigindo união no trabalho. E sempre por trás de cada construção está o plano do Arquiteto. Pequeno e grande são uma só e a mesma coisa no que diz respeito à criação. Grandes arcanjos unem-se para construir um Sistema Solar segundo um plano arquetípico; e, igualmente, segundo um plano arquetípico, os átomos de carbono dispõem-se ao longo dos eixos de cristal para construir um diamante. De um pecador um santo é criado, segundo um plano; também segundo um plano, as lágrimas de uma criança são secadas, e um sorriso é evocado com um brinquedo. Miríades de mãos, as corporificações particulares, na matéria de uma Mão Arquetípica, estão atuando em todos os mundos visíveis e invisíveis; e onde quer que haja uma construção, um plano divino lá está como sua estrutura, toda a vida é um vasto, inclusivo e maravilhoso plano de uma Mente Divina.

Toda a vida é transformada com as ideias de Uma Mente Divina. Cada partícula do ar palpita com deleite, enquanto festeja na ordem e na beleza daquela pequenina parte do plano a ela confiada para construir. O fogo queima por causa do plano; o ar sustenta, a água nutre, a terra provê por causa do plano. O senhor de todos os fatos é este fato único, que um plano está em ação, e que os seres humanos e as coisas devem entender as leis deste plano. Nas entranhas da terra, nas profundezas do mar, nos confins da atmosfera, ouve-se um único sussurro, 'O Plano!' 'O Plano!'

Não poderia haver nada mais puro e sagrado na vida do que observar o plano à medida que ele constrói, se ao menos o desejo cósmico não obnubilasse a mente. Mas, a partir de nossos pensamentos, o anseio rapidamente tece um eu que é diferente da alma; ele então usa esse eu como uma lente que distorce a visão. Intocada pela ilusão do anseio, a alma vê um plano e uma lei, e o senso de individualidade é apenas um teorema desinteressante. Mas o anseio constrói como se fora o eu, e o separa de todos os outros eus possíveis, e rapidamente a egoidade caracteriza todo pensamento. Pois o anseio ganha mais para si, se puder fazer de um eu separado o fulcro de seu trabalho, pois um eu separado pode ser levado ao orgulho, ao ressentimento, à presunção, onde a alma permaneceria impassível. À medida que a mente cresce do selvagem ao homem civilizado, o anseio torna o eu e sua sobrevivência o critério de todo julgamento. Instintivamente o eu se ressente da sombra de qualquer outra personalidade que possa desafiar seu senso de separatividade. A mente que, não influenciada pelo anseio, reverenciaria cada lei em vigor nela e em outro eu, agora se ressente da existência daquele eu de outra pessoa. Ela não mudará seu critério a mando do que quer que seja senão dela mesma. O que é muito pequeno ou muito grande para ser pesado em suas balanças não existe para ela. Ela nada vê para venerar na vida, pois cada coisa, segundo seu entendimento, torna-se um mero fato para seu trabalho, e a mente proclama para si própria que somente ela é o mestre de todo julgamento.

Naqueles momentos em que o eu dorme durante algum tempo, a alma vê leis por toda parte. E já que a mente é uma ferramenta da alma, ela é impelida a procurar compreender. Mas o anseio vicia a compreensão da mente. Cada lei quando é vista, em vez de ser usada para unir todos os eus sob um plano, é transformada numa fonte de onde se alimenta o orgulho que o anseio extrai do eu. Assim, o eu se mantém neutro, imaginando que apenas ele entende. Quando precisa trabalhar com outros eus, ele os critica porque parecem não estar perceptivos das leis que ele conhece. O anseio sempre intensifica a separação, pois uma individualidade egoísta consegue pensar os vívidos e grosseiros pensamentos de hostilidade que dão ao anseio um senso de vigor, ao passo que uma individualidade altruísta só consegue pensar em termos de pensamentos sutis e delicados, onde não há lugar para a censura, em um plano para todos os homens.

Pelo fato de a descoberta de cada nova lei pelo eu intensificar a separatividade, na realidade ou eu não vê a lei verdadeiramente, nem em sua plena gama de operação. Pois o eu só consegue entender uma lei parcialmente. Em vez disso, portanto, de cada plano do eu atuando lógica e harmoniosamente, fracasso após fracasso é o que resulta no desenvolvimento de seus planos. A culpa de cada fracasso é sempre posta pelo eu em outra pessoa, pois ele não pode sequer sonhar que possui apenas um conhecimento parcial da lei. O anseio cega a mente, até que ela não consiga ver que, embora rápida em algumas direções, ela para ao longo de outras. A mente é rica em crescer ao longo dos caminhos que intensificam o eu, mas é atrofiada ao longo daqueles caminhos que levam à unidade com os outros.

Assim, o eu é repetidamente machucado, mas o anseio, para o qual um machucado é tão divertido quanto um bálsamo, fortalece o orgulho no eu, tornando-o mais inflexível. Mesmo quando chega o momento de o coração dominar a mente, sob tensão do amor de outro, uma barreira sutil é erguida pela mente entre a alma que ama e seu amado. Correntes invisíveis retêm as mãos que a alma estende para servir. A palavra de conforto que deveria ser dita não é dita; o momento sublime voou antes de a mente estar perceptiva de que ele lá estava. O coração que dá um salto para se tornar uno com a ferida de outro eu sente-se envergonhado de seu abandono. De mil e uma maneiras, o anseio dificulta o crescimento da mente, alimentando o eu com lampejos parciais de novas leis, dando um falso senso de sabedoria, e com isto uma falsa segurança.

O libertar-se do anseio começa quando a mente busca em cada lei separada o elo que a une a todas as outras leis, pois nenhuma lei está só, e porque todas as leis estão interligadas, a mente consegue passar de uma única lei para descobrir as outras leis. A meta da mente deve ser permanecer no centro, e daí examinar não um problema, mas todos os problemas. O senso de um todo é vital para a mente em crescimento, a menos que a mente cristalize-se ou traia.

Uma vez que o Universo é vasto, e a mente do homem uma coisa pequenina, cada síntese feita pela mente deve ser temporária. A qualquer momento a descoberta de um novo fato pode destruir a síntese. Mas a mente deve estar pronta para esta tragédia recorrente, e permanecer impassível quando cercada por sua própria ruína. Enquanto a mente for completa e desapegadamente una com a síntese, sua verdadeira função estará estropiada. Pois o valor da mente para a alma é que ela consiga permanecer desapegada para observar a coisa como ela é. A mente deve pairar como se estivesse para descer, embora jamais desça. A mente como mente não consegue chegar a nenhuma finalidade.

Enquanto a mente estiver serena e desapegada, e atuar a partir de um centro, por mais temporário que possa ser esse centro, ela notará um fato maravilhoso a respeito de cada lei. É que uma lei sempre traz consigo uma mensagem de ternura. Cada lei, enquanto afirma a unidade de todas as leis, aponta para a unidade de toda a vida. Embora uma lei seja a declaração desapaixonada de uma Vontade Universal que não será contradita, ainda assim o âmago dessa Vontade é uma garantia de que cada parte do Universo que corporifique a Vontade está se aproximando mais e mais, para se tornar una com a Vontade. A princípio, a mente pura vê, no âmago de cada lei, apenas uma paz e um poder; posteriormente ela contempla com reverência como a lei é apenas uma declaração de Amor. Então ela sabe que um julgamento que não seja gentil vai de encontro a alguma lei.

Logo a frieza que a mente um dia possuiu passa, e uma ternura infinita purifica a aura da mente. Assim purificada, cada estrutura mental torna-se uma estrutura em miniatura que reflete a vasta estrutura da Mente Universal. A mente da alma torna-se agora um segmento do círculo infinito da

Mente Divina. Arquétipos eternos então povoam a mente, e o ato de os contemplar permite-lhe não apenas ver a verdade, mas também libertar os dons da alma para amar e salvar.

Como quando todos os instrumentos de uma orquestra se unem para expressar um tema, e a intensidade e riqueza do som transborda as fronteiras do mundo visível para inundar o invisível; e quando então o amante da música vê portas se abrindo perante a sua imaginação revelando lampejos de outros Universos que não este; então, para a mente livre do anseio, a contemplação da vida abre portas deste lado e daquele para as maravilhas que a mente consegue ver, mas que jamais consegue expressar senão em declarações duvidosas. A mente que assim contempla, ama, então, e esse amor alcança os confins de toda a existência.

Quando o amante da lei torna-se o filósofo que comunga com a Mente Divina, então a libertação está próxima.

Libertação

O fim da longa estrada para a libertação é o coração do próprio homem. Se ele ao menos soubesse que ele e a senda são um! Quando do animal ele se torna uma alma, o mistério da consumação final está entretecido em tudo que ele pensa, sente e faz, mesmo em seu primitivo estágio como selvagem. Pois ser uma alma significa que cada dia ele se aproxima mais da Libertação, como resultado do seu esforço.

O esforço para a Libertação é mostrado no instinto de criação que está em todos os homens. Mesmo o selvagem deseja simbolizar algo estranho ou assustador, algo novo. O homem civilizado é sempre um criador com seus sentimentos, pensamentos e ações. Pois, à medida que a alma evolui estágio a estágio, ela se torna um cadinho maior das energias da vida; torna-se o solo para nutrir as sementes da maravilha divina. Cada faculdade que ela aperfeiçoa é o ventre onde está crescendo uma criança cujos lábios transmitirão uma mensagem de salvação. Até que o ventre expila aquilo que nutriu, a alma fica inquieta e ansiosa. A dor termina quando a criança nasce, e a imaginação pode colocar-se à parte de sua criação. Onde o maior número está empenhado na criação, aí está a melhor civilização.

Quando a alma se liberta da servidão do desejo, a libertação está próxima. Essa libertação começa quando ela dedica seus dons à criação. Algo novo deve ser acrescentado dos recessos da alma à vida comum dos homens. Uma alma criará um hino, um discurso, um poema; outras criarão com pintura e escultura, com arquitetura e música, com dança e canção. A alma anseia e suspira por criar algo grande e nobre; coração e mente são levados a ações de oferecimento. O tamanho não importa; uma pequena ação amorosa, mesmo que seja um sorriso amistoso, contém a mesma grandeza que o dom da própria vida. A piedade que o amor envia conduz então à criação, e a alma não consegue repousar até que grandes planos de regeneração social sejam realizados, e consequentemente as misérias dos homens sejam diminuídas. A alegria que a vida envia conduz à criação, e a alma deve simbolizar algo belo para inspirar os homens. A paz que a sabedoria envia leva à criação, e a alma deve abrir novas sendas para homens com novas filosofias e ciências. Ninguém consegue trilhar a senda para a Libertação até que saiba como criar. Pois Libertação significa que os muitos tornam-se o Um, e somente treinando cada faculdade do espírito, para criar em cada plano de vida, consegue o homem, a unidade, entender sua misteriosa identificação com o Todo.

Como a alma irá criar? – Você pergunta. Mas o propósito da vida, quando a alma está liberta do desejo, é ensinar a arte da criação. Cada grito de dor, quando sob a escravidão do desejo, tem em si, em algum lugar, um elemento de sabedoria ou beleza para outrem. Quando a alma é livre, ela vê a mensagem para os outros em sua própria dor. Embora o homem jamais consiga salvar a si próprio, contudo ele sempre pode salvar outros. A mensagem oculta de cada dor é que o destino do homem é ser um salvador do mundo.

A Donzela Maravilhosa

Quando a Criança Divina assim falou para as três irmãs Viver-para-o-Amor, Viver-para-a-Vida e Viver-para-a-Lei, ele as levou passo a passo a entenderem que sem criação não pode haver Libertação. Mas os caminhos da criação, a técnica das artes, a descoberta da beleza no que não é belo – ele próprio não tinha ensinado estas coisas. Esse trabalho foi feito por outro, uma Donzela Maravilhosa que estava sempre com a Criança Divina. Ela era irmã da própria Criança Divina, muitos anos mais velha do que ele; ele tinha por ela uma adoração que a tornava inseparável de seus pensamentos. Sempre que ele ensinava às pessoas, a natureza da Donzela Maravilhosa, de alguma maneira misteriosa, parecia entretecida em todos os seus discursos. Ela estava sempre com ele, sonhando seus próprios sonhos, sem jamais acrescentar uma palavra ao que ele dizia. Mas sempre que falava de criação, ele ensinava que a inspiração deveria ser buscada nela. Pois ela era a Artista de seu mundo; com o toque de sua imaginação ela extraía a beleza oculta em cada coisa. Ela vivia em todas as artes e ofícios; e quando ela vinha para criar em algum deles, uma semente de maravilha estava lá. Tudo que a Criança Divina conhecia como Sabedoria, ela sentia como Arte. As visões de beleza que a imaginação dele evocavam, ela corporificava para ele e para os outros em perfeitas obras de arte. Em cada arte e ofício, o que ela fazia era o padrão para todos.

Era uma visão gloriosa para as pessoas verem estes dois. Como ele sempre ensinava Libertação, sua sabedoria tinha um brilho que era dela. Somente uns poucos, e estes eram crianças e artistas de coração puro, podiam olhar seu brilho deslumbrante; ela parecia não uma forma de beleza, mas todas as formas. Estátuas, poemas, sinfonias, tudo surgia simultaneamente na imaginação do observador. Contudo, em todos eles havia a requintada natureza da Criança Divina que unificava céu e terra. Ela própria não podia realizar este ato místico de unidade; esse era o segredo da Criança Divina. Mas ela também tinha o seu segredo, que era revelar instantaneamente qual era a forma perfeita na qual alguma criação pudesse se manifestar. Ela era senhora de cada técnica, e a beleza eterna latente em todas as coisas saltavam ao chamado de sua fantasia.

A Criança Divina ensinava a todos que desejassem criar beleza a procurar inspiração na Donzela Maravilhosa. Ele lhes ensinou que, quando se fosse, se alguém o procurasse em busca de orientação, ela daria essa orientação ao inspirar como criar algo belo.

Sob a orientação dela, o próprio anseio cósmico tornava-se ferramenta e auxiliar do homem. Os registros de eras passadas e de cada parte do Universo, que estavam nas marés do desejo cósmico, tornavam-se, para a alma que sentia a necessidade da criação, uma casa de tesouros de experiência vicária. O material para criar não mais estava confinado às próprias experiências da alma; o que o desejo cósmico em algum lugar sentira ou conhecera estava a serviço da alma. Isto porque a alma estava livre do eu, e conhecia a arte da criação.

Muito depois de a Criança Divina ter morrido, um quadro permanecia na mente das pessoas. Era da Criança Divina aninhando-se na Donzela Maravilhosa cujo braço o envolvia. E ele olhava para o mundo, e havia algo glorioso no que ele via, e a beleza daquela visão era intensificada porque ela estava ao seu lado. Quando naqueles anos vindouros, os homens rezavam para ele em busca de orientação, às vezes a imagem dele em suas mentes transformava-se na imagem da Donzela Maravilhosa. Assim também, quando aqueles que eram especialmente artistas oravam à Donzela Maravilhosa em busca de inspiração, às vezes a imagem dela transformava-se na da Criança Divina.

A Partida da Criança Divina

Chegou finalmente o momento de a Criança Divina deixar as três irmãs. Elas se ajoelharam diante dele na despedida, e ele consagrou cada uma delas como sua mensageira. Ele as encarregou de expor seus ensinamentos, embora muito do que ele ensinou ainda estivesse além da compreensão delas. Ele lhes disse que, quando, por amor às pessoas, elas tentassem tornar sua mensagem clara e simples, ele estaria com elas a distância. Pois ele e sua mensagem eram uma só coisa, e sempre que elas tentassem explicar seu pensamento, ele viveria por um instante em seus pensamentos e os iluminaria.

As três irmãs choraram amargamente quando pensaram no fardo depositado sobre elas. Elas sabiam que, quando tentassem expor sua gloriosa mensagem, as pessoas logo as colocariam sobre pedestais, como se a grandeza da mensagem fosse das servas e não do mestre. E logo em seguida, quando descobrissem o fracasso da serva, elas se ressentiriam da mensagem, porque a estátua que construíram tinha pés de barro. Ao pensar nisto as irmãs choraram amargamente, embora quando olhavam para a Criança Divina elas sorriam através das lágrimas.

Após consagrá-las como suas mensageiras, a Criança Divina deu-lhes sua benção de despedida. Ele se voltou primeiramente para Viver-para-o Amor, envolveu-a em seus braços, e como de amante para amante, ele a beijou nos lábios e disse, 'Quando estiveres triste, eu estarei então mais próximo de ti'. Ele se voltou para Viver-para-a-Luz, e ela lhe estendeu os braços, e ele neles se aconchegou por um instante, mas não a beijou.

Ele sorriu para ela, mas não disse nenhuma palavra. Eu acredito talvez que, de alguma maneira, ele se sentia mais próximo de Viver-para-a-Luz, pois algo nos olhos dela o fazia lembrar de seu grande sonho. Então ele se voltou para Viver-para-a-Lei. A irmã mais jovem prostrou-se a seus pés, e ele se ajoelhou, e tomando seu rosto lacrimoso entre as mãos, olhou-a nos olhos e a beijou. Era o beijo de uma criança, e ao beijá-la ele disse suavemente, 'Irmãzinha'.

E assim a Criança Divina deixou as três irmãs, e parecia a cada uma delas que o melhor de si se fora com ele. Contudo, porque tinham sido consagradas por ele a seu serviço, cada uma sabia com intensa realização que jamais haveria uma despedida entre ele e ela.

A Estrela da Criança Divina

Naqueles momentos de repouso do ensinamento às pessoas, a Criança Divina residia sozinho num Jardim. À beira de um reservatório de lírios brancos, havia um assento baixo circular de mármore, e frequentemente ele se sentava na grama, repousando a cabeça e os braços no assento, e sonhando. Ele tinha consigo um livro, mas o livro era diferente de todos os outros no mundo. O livro não continha palavras, e em cada uma de suas páginas havia uma série de círculos concêntricos. O espaço entre dois círculos era dividido em muitos segmentos desiguais, e cada segmento era colorido. A figura em cada página era diferente, variando no número de círculos, nos segmentos e nas cores. Essas figuras do livro eram vivas, pois cada uma era uma chave que liberava forças cósmicas.

Essas forças eram corporificadas na música, e cada diagrama era, de alguma maneira misteriosa, o resumo de uma sonata ou uma sinfonia. O pensamento cósmico que era a alma da música estava expresso em símbolo na figura sobre a página. Assim, quando a Criança Divina olhava para cada símbolo, ela liberava forças cósmicas sonoras, e cada plano e subplano contribuía com sua porção de som para o todo ordenado. Todas as coisas em todas as partes, mineral e vegetal, animal, homem e anjo, juntavam-se na música, e cada uma dava seu acorde ou frase à medida que a música se desenvolvia tema por tema.

Para a Criança Divina a música era a estrada que levava à sua Estrela. Noite e dia, quando estava ensinando às pessoas, ou quando estava com suas três irmãs, ou quando se aconchegava ao lado da Donzela Maravilhosa, ele estava sempre sonhando com sua Estrela. Assim, quando se sentava na grama, e recostava a cabeça no assento de mármore, e olhava para o livro que repousava em seu colo, a música dos grandes deuses vinha até ele para lhe falar de sua Estrela. Então sua radiante compaixão pelos muitos tornava-se um ardente raio de amor para o Um, e seu corpo o abandonava, quando com um suspiro de êxtase seguia para sua Estrela. Pois tal é a natureza de uma Criança Divina.

gráfika®
papel&cores
Fone:61 3344.3101